DAS TÜRKISCHE KOCHBUCH

Impressum

Das türkische Kochbuch

Autorinnen: Güner Öztekin, Henriette Ruhm
Einbandabbildung: Stockfood
Foodfotos: Paul LeClaire Fotostudio
Länderfotos: Image Direkt, K. Koch
Layout: Peter Mebus für Nova Libra, Köln
Satz: Viktor Schenk für Nova Libra, Köln
Umschlaggestaltung: Sabine Rummel für Nova Libra, Köln

Printed in Slovenia 2005

ISBN 3-89996-678-3

www.area-verlag.de

Vorwort

Selbst wenn es längst nicht mehr so ist wie in den Märchen von Tausendundeiner Nacht: Essen und Gesellschaft gehören noch heute in der Türkei eng und unzertrennlich zusammen.

Die Mahlzeiten stellen für die Türken nicht nur pure Nahrungsaufnahme dar; sie sind jeden Tag aufs Neue ein gesellschaftliches Ereignis, sozusagen der Höhepunkt des Tages, auf den man sich gründlich vorbereitet.

Die Küche der Türkei bietet weitaus mehr als das, was wir als Döner und türkische Pizza in Deutschland kennen gelernt haben. Die klassische türkische Küche schlägt den kulinarischen Bogen zwischen Orient und Okzident mit Einflüssen aus dem Balkangebiet, dem Kaukasus und den arabischen Ländern.

Das reichhaltige Angebot an Gemüse, Lamm- und Geflügelfleisch, Fisch und Obst ermöglicht eine bunte Palette von wohl schmeckenden Speisen. Verfeinert mit raffinierten, oft orientalischen Gewürzen erhalten diese dann ihren unverwechselbaren Geschmack.

Mit verführerischen Vorspeisen, delikaten Fisch-, Fleisch- und Gemüsegerichten sowie leckeren Desserts laden wir Sie in diesem Kochbuch zu einer kulinarischen Reise in die türkische Küche ein. Versetzen Sie sich beim Kochen und Genießen so ein bisschen in die alte Zeit der Sultane und Kalifen, und schwelgen Sie wie einst in Tausendundeiner Nacht an reich geschmückten Tafeln.

Guten Appetit – Afiyet Olsun!

INHALT

INHALT

Vorspeisen & Beilagen

Fladenbrot

Gefüllte Tomaten

Rote Bohnen nach türkischer Art

Lauch in Olivenöl

Sardinen in Weinblättern

Vorspeisen & Beilagen

Vorspeisen & Beilagen

FLADENBROT

FLADENBROT

Für 4 Personen
Zubereitungszeit: 20 Min. (ohne Wartezeit)/Backzeit: 20 Min.

ZUTATEN

500 g Mehl
40 g frische Hefe
1 Prise Zucker
5 El Olivenöl
1 Tl Salz
1 Tl Schwarzkümmel

Vorbereitung

Das Mehl in eine Schüssel geben, eine Mulde hineindrücken, die Hefe hineinbröckeln, den Zucker zugeben und mit 150 ml lauwarmem Wasser verrühren. Den Vorteig mit etwas Mehl bestäuben, mit einem Tuch abdecken und an einem warmen Ort 30 Minuten ruhen lassen.

Zubereitung

Danach das restliche Wasser, die Hälfte des Olivenöls sowie das Salz dazugeben und das Ganze zu einem geschmeidigen Teig verkneten. Mit Mehl bestäuben und nochmals 30 Minuten ruhen lassen.

Den Backofen auf 220 °C vorheizen. Den Teig nochmals gut verkneten, in 2 gleiche Portionen teilen und jeweils einen länglichen Fladen formen. Mit den Fingern in die Teigoberfläche längs und quer Rillen eindrücken, dabei die Teigränder etwas hochziehen. Die Fladen mit dem restlichen Olivenöl bepinseln, mit Schwarzkümmel bestreuen und 15 Minuten ruhen lassen. Auf ein mit Backpapier belegtes Backblech setzen und im Ofen etwa 20 Minuten backen lassen.

Servieren

Das Brot aus dem Ofen nehmen, auskühlen lassen, in Scheiben schneiden und in einem Brotkorb anrichten.

INFO

Das beste Olivenöl wird, nach Kennermeinung, auf der Insel Kreta gewonnen.

Gefüllte Tomaten

Gefüllte Tomaten

Für 4 Personen
Zubereitungszeit: 35 Min./Koch- & Bratzeit: 45 Min.

Zutaten

8 mittelgroße Tomaten
1 Zwiebel
3 El Olivenöl
120 g Patna-Reis
2 El Pinienkerne
1 El Korinthen
1 Tl getrocknete Minze
Salz
Pfeffer
1 El Butter
150 ml Gemüsebrühe

Vorbereitung

Die Tomaten waschen und jeweils einen kleinen Deckel abschneiden. Tomaten aushöhlen. Zwiebel schälen und in feine Würfel schneiden. Das Öl erhitzen, Zwiebel und Reis darin andünsten.

Zubereitung

Pinienkerne, Korinthen und Minze dazugeben, kräftig salzen und pfeffern. Alles mit Wasser knapp bedecken. Aufkochen und den Reis zugedeckt bei schwacher Hitze fertig garen lassen. Die Reismasse in die Tomaten füllen, diese in einen Topf geben und die Tomatendeckel auflegen. Mit Butterflöckchen belegen und die Brühe dazugießen. Aufkochen und zugedeckt bei schwacher Hitze 20–30 Minuten schmoren lassen.

Servieren

Die Tomaten aus dem Topf nehmen, auf einer vorgewärmten Platte anrichten und sofort servieren.

Info

Korinthen sind kleiner als Rosinen und werden völlig unbehandelt angeboten.

ROTE BOHNEN NACH TÜRKISCHER ART

Für 4 Personen
Zubereitungszeit: 20 Min./Koch- & Bratzeit: 2 Std. (ohne Wartezeit)

ZUTATEN

200 g rote Bohnen
4 große Zwiebeln
50 ml Olivenöl
100 g Möhren
1 Tl Tomatenmark
150 g geschälte Tomaten aus der Dose (ohne Saft)
800 ml Brühe
1 Tl Zucker
Salz
1 El gehackte Petersilie

INFO

Bohnen sollten immer gekocht verzehrt werden, da sie das unbekömmliche Phasin enthalten, was beim Kochvorgang zerstört wird.

Vorbereitung

Die Bohnen über Nacht einweichen, abgießen, waschen und mit 1 l Wasser und einer ganzen Zwiebel zum Kochen bringen. Mit geschlossenem Deckel ca. 1 Stunde kochen lassen, die Zwiebel entnehmen, die Bohnen abgießen.

Zubereitung

Olivenöl in einen Topf geben, die restlichen Zwiebeln schälen, fein hacken und zum Öl geben. 4–5 Minuten braten lassen. Die Möhren schälen, in bohnengroße Stücke schneiden, zu den Zwiebeln geben und 2 Minuten mitbraten. Tomatenmark, Tomaten, Brühe und Zucker zugeben. Mit geschlossenem Deckel zum Kochen bringen, die Bohnen hineingeben, wieder abdecken und 40 Minuten köcheln lassen, bis die Bohnen weich sind. Mit Salz abschmecken, nochmals 5 Minuten köcheln lassen. Vom Herd nehmen und im Topf abkühlen lassen.

Servieren

Mit Petersilie bestreuen und als Beilage servieren.

Lauch in Olivenöl

Lauch in Olivenöl

Für 4 Personen
Zubereitungszeit: 20 Min./Koch- & Bratzeit: 25 Min.

Vorbereitung

Die Lauchstangen waschen, putzen und in streichholzfeine Streifen schneiden. Die Zwiebeln schälen und in feine Scheiben schneiden.

Zubereitung

Die Lauchstreifen in etwas Wasser 2–3 Minuten andünsten, dabei die Pfanne gelegentlich schütteln. Das Wasser abgießen, die Lauchstreifen in eine feuerfeste Kasserolle geben. Die Zwiebelringe im Olivenöl braten, bis sie eine goldgelbe Farbe annehmen. Tomatenmark zugeben und 1 Minute rühren. Die Knoblauchzehen schälen, fein hacken und mit der klein gehackten Petersilie zugeben. Mit Salz und Zucker bestreuen, verrühren und dann vom Herd nehmen.

Die Zwiebelmischung über die Lauchstreifen geben, die Brühe angießen. Mit geschlossenem Deckel zum Kochen bringen, den Zitronensaft zugeben, dann bei sehr geringer Hitze garen, bis das Lauchgemüse weich ist. Die Kasserolle vom Feuer nehmen, sofort in einen vorgeheizten Grill stellen und das Lauchgemüse bräunen lassen.

Servieren

Im Topf abkühlen lassen und kalt servieren.

Zutaten

500 g Lauchstangen
150 g Zwiebeln
50 ml Olivenöl
1 El Tomatenmark
4 Knoblauchzehen
Einige Zweige Petersilie
Salz
1 Tl Zucker
600 ml Brühe
25 ml Zitronensaft

Info

Zum Zwiebelschneiden immer ein besonders scharfes Messer verwenden. Es tritt so weniger Saft aus, und man muss weniger weinen.

Sardinen in Weinblättern

Vorspeisen & Beilagen

Sardinen in Weinblättern

Für 4 Personen
Zubereitungszeit: 20 Min./Garzeit: 15 Min.

Zutaten

600–700 g Sardinen, küchenfertig
250 g eingelegte Weinblätter
6 El Olivenöl
Salz
Pfeffer
16 Lorbeerblätter
3 El Zitronensaft

Info

Frischen Fisch erkennt man an blutroten Kiemen und klaren Augen.

Vorbereitung

Die Sardinen gut waschen, abtrocknen und von innen und außen leicht salzen. Die Weinblätter kalt abspülen und trockentupfen.

Zubereitung

4 Esslöffel Öl mit Salz und Pfeffer verrühren, die Sardinen damit von innen und außen bestreichen und jeweils mit 1 Lorbeerblatt in 2 Weinblätter einwickeln. Die Sardinen in eine Form legen und mit dem restlichen Öl beträufeln. Im vorgeheizten Backofen bei 200 °C ca. 15 Minuten garen lassen.

Servieren

Zum Servieren die Fische auf einer Platte anrichten und die Weinblätter leicht öffnen. Mit dem Sud und einigen Tropfen Zitronensaft beträufeln.

Suppen

Alm-Suppe

Fadennudelsuppe mit Tomaten

Hühnersuppe

Suppen

Alm-Suppe

Für 4 Personen
Zubereitungszeit: 15 Min./Kochzeit: 20 Min.

ALM-SUPPE

Zutaten

100 g Reis
1 1/2 l Fleischbrühe
1 Eigelb
250 g Joghurt
25 g Butter
1 Tl frische Pfefferminze, gehackt
(oder 1/2 Tl getrocknete Pfefferminze)
1 Tl Salz
Pfeffer
Paprikapulver

Vorbereitung

Den Reis waschen, in der Fleischbrühe zum Kochen bringen und 15 Minuten köcheln lassen, bis der Reis gar ist.
Das Eigelb mit dem Joghurt verquirlen und unter ständigem Rühren langsam zu der Reissuppe geben.

Zubereitung

Den Topf vom Herd nehmen und etwas abkühlen lassen. Die Butter in einer Pfanne zerlassen, die Pfefferminzblätter kurz darin andünsten und in die Suppe geben. Die Suppe mit Salz und Pfeffer abschmecken sowie mit Paprikapulver bestreuen.

Servieren

Die Suppe in eine vorgewärmte Suppenschüssel geben und noch heiß servieren.

Info

Paprikapulver darf bei der Verarbeitung nicht verbrennen. Es wird dann bitter und beeinflusst den Geschmack der gewürzten Speisen.

Fadennudelsuppe mit Tomaten

Für 4 Personen
Zubereitungszeit: 15 Min./Kochzeit: 20 Min.

FADENNUDELSUPPE MIT TOMATEN

Zutaten

100 g geschälte Tomaten aus der Dose (ohne Saft)
2 El Butter
1 l Fleischbrühe
100 g Fadennudeln
Salz
Pfeffer
1 kleiner Bund Petersilie

Vorbereitung

Die Tomaten von den Stielenden befreien und in kleine Würfel schneiden. Die Butter in einem Topf zerlassen, die Tomaten darin andünsten.

Zubereitung

Die Fleischbrühe dazugeben und aufkochen lassen. Dann die Fadennudeln in die Brühe geben, mit Salz und Pfeffer abschmecken. Auf kleiner Hitze langsam gar ziehen lassen.
Die Petersilie waschen, trockenschleudern und fein hacken.

Servieren

Wenn die Nudeln gar sind, die Suppe in eine Suppenschüssel füllen und mit der Petersilie garnieren.

Info

Welke Petersilie wird wieder frisch, wenn man sie für kurze Zeit in lauwarmes Wasser legt.

Hühnersuppe

Für 4 Personen
Zubereitungszeit: 20 Min./Kochzeit: 35 Min.

Vorbereitung

Die Hähnchenbrust waschen, abtrocknen und in 800 ml Wasser weich kochen. Wenn das Fleisch weich ist, dieses aus der Brühe nehmen und beiseite stellen.

Zubereitung

In einem zweiten Topf die Butter zergehen lassen, Mehl dazugeben und verrühren. Die Hähnchenbrühe nach und nach dazugeben und erneut aufkochen lassen. Inzwischen Joghurt, Zitronensaft und Eigelb verquirlen und unter ständigem Rühren in die Brühe einrühren. Die Hähnchenbrust von Haut und Knochen lösen und in kleine Stücke schneiden. Diese in die Suppe geben und das Ganze noch weitere 5 Minuten köcheln lassen.

Servieren

Mit Salz abschmecken. Die Suppe warm servieren.

Zutaten

1 Hähnchenbrust
1 El Butter
2–3 El Mehl
2 El Joghurt
Saft von 1 Zitrone
1 Eigelb
Salz

Hühnersuppe

Info

Zitronen geben mehr Saft, wenn man sie vor dem Pressen kurz mit heißem Wasser übergießt.

Eier- & Nudelgerichte

Eier mit Hackfleisch

Gefüllte Nudeltaschen

Würzige Würstchen mit Eiern

Verlorene Eier auf türkische Art

Eier mit Schafskäse

Eier- & Nudelgerichte

Eier mit Hackfleisch

EIER MIT HACKFLEISCH

Für 4 Personen
Zubereitungszeit: 25 Min./Koch- & Bratzeit: 30 Min.

Vorbereitung

Die Zwiebeln schälen und in Scheiben schneiden. Die Paprikaschoten waschen, entkernen und in sehr kleine Würfel schneiden. Die Butter in einer großen Pfanne zerlassen und die Zwiebeln darin goldgelb braten.

Zubereitung

Das Hackfleisch und die Paprikawürfel dazugeben und ca. 10 Minuten braten lassen, bis der Fleischsaft eingekocht ist. Salzen und mehrmals rühren. Die Tomaten waschen, heiß überbrühen, enthäuten und fein würfeln. Die Petersilie waschen, trockenschütteln und fein hacken. Tomaten, Petersilie und 1 Tasse Wasser zum Fleisch geben. Bei geschlossenem Deckel zum Kochen bringen, dann die Hitze verringern und weitere 10 Minuten köcheln lassen. Mit einem Löffel sechs Vertiefungen in die Mischung drücken, in jede ein Ei schlagen und mit Salz bestreuen.

Servieren

Bei geschlossenem Deckel und sehr geringer Hitze nochmals 3–4 Minuten garen lassen. Sofort servieren.

ZUTATEN

200 g Zwiebeln
50 g grüne Paprikaschoten
25 g Butter
150 g Hackfleisch
Salz
100 g Tomaten
1/2 Bund Petersilie
6 Eier

INFO

Hackfleisch ist leicht verderblich und sollte gleich nach dem Einkauf verarbeitet werden.

Gefüllte Nudeltaschen

Für 4 Personen
Zubereitungszeit: 25 Min. (ohne Wartezeit)/Koch- & Bratzeit: 20 Min.

Zutaten

300 g Mehl
3 Eier
Salz
1 El Sonnenblumenöl
1 kg frischer Spinat
1 große Zwiebel
10 Knoblauchzehen
100 g Butter
50 g gehackte Mandeln
Pfeffer
Mehl zum Bearbeiten
Cayennepfeffer

Vorbereitung

Aus Mehl, Eiern, Salz, Öl und 2 El Wasser einen geschmeidigen Teig kneten. Diesen 15 Minuten ruhen lassen.

Zubereitung

Den Spinat gründlich waschen und in kochendem Wasser 1–2 Minuten blanchieren. Abgießen, mit kaltem Wasser abschrecken und gut abtropfen lassen. Mit den Händen fest ausdrücken und fein hacken. Zwiebel und Knoblauchzehen schälen, fein hacken und zusammen mit dem Spinat in einer Pfanne in 50 g heißer Butter andünsten. Die Pfanne vom Herd nehmen und die Mandeln unterrühren. Den Spinat salzen und pfeffern. Den Teig auf einer bemehlten Arbeitsfläche ausrollen und in etwa 5 cm große Quadrate schneiden. In die Quadratmitte jeweils etwas Spinatfüllung setzen und die Quadrate zu Dreiecken zusammenklappen.

In einem großen Topf reichlich Salzwasser zum Kochen bringen und die Nudeltaschen darin 10 Minuten garen lassen. Mit einem Schaumlöffel herausnehmen, abtropfen lassen und auf einer vorgewärmten Servierplatte anrichten.

Servieren

Die restliche Butter erhitzen, mit etwas Cayennepfeffer verrühren und löffelweise über die Nudeln geben. Heiß servieren.

Info

Sonnenblumenöl ist lichtempfindlich und sollte darum immer dunkel und kühl gelagert werden.

WÜRZIGE WÜRSTCHEN MIT EIERN

Für 4 Personen
Zubereitungszeit: 10 Min./Koch- & Bratzeit: 10 Min.

ZUTATEN

60 g Butter
100 g würzige Würste (z. B. Knoblauchwurst, in türkischen Geschäften erhältlich)
6 Eier
Salz

INFO

Frische Eier bleiben in einem Wasserglas auf dem Boden liegen. Faule Eier steigen sofort an die Oberfläche.

WÜRZIGE WÜRSTCHEN MIT EIERN

Vorbereitung

Die Butter in einer Pfanne bei mittlerer Hitze zerlassen. Die Würste in Scheiben schneiden und dazugeben. 2 Minuten braten lassen, dabei öfters wenden.

Zubereitung

3 El Wasser dazugeben und bei geschlossenem Deckel aufkochen lassen. Zwischen den Wurstscheiben etwas Platz schaffen und in die freie Fläche die Eier aufschlagen. Salzen. Bei geschlossenem Deckel und bei geringer Hitze die Eier in 3–4 Minuten gar braten.

Servieren

Heiß servieren.

VERLORENE EIER AUF TÜRKISCHE ART

Für 4 Personen
Zubereitungszeit: 15 Min./Kochzeit: 10 Min.

ZUTATEN

1 Knoblauchzehe
Salz
100 g türkischer Joghurt
3 El Milch
4 El Essig
2 Eier
1 El Butter
Paprikapulver

Vorbereitung

Den Knoblauch schälen, mit etwas Salz zerdrücken und zum Joghurt geben. Mit Milch verrühren und warm stellen.

Zubereitung

2 l Wasser mit Essig und 1 Tl Salz aufkochen. Die Eier einzeln aus einer Tasse in den Sud gleiten und köcheln lassen, bis das Eiweiß fest ist (ca. 4 Minuten). Mit einem Schaumlöffel herausnehmen und auf der Joghurtsauce anrichten.

Servieren

Die Butter in einer kleinen Pfanne zerlassen, mit Paprikapulver würzen und über die Eier geben.

VERLORENE EIER AUF TÜRKISCHE ART

INFO

Knoblauch lagert man am besten in einem Tongefäß an einem kühlen, dunklen Ort.

EIER MIT SCHAFSKÄSE

Für 4 Personen
Zubereitungszeit: 20 Min./Bratzeit: 15 Min.

ZUTATEN

1 große Zwiebel
4 Tomaten
2 milde Peperoni
100 g Schafskäse
50 g Butter
4 Eier
Salz
Pfeffer
Schnittlauch für die Garnitur

Vorbereitung

Die Zwiebel schälen und in feine Ringe schneiden. Die Tomaten waschen, überbrühen, enthäuten und vierteln. Die Peperoni waschen, entkernen und in kleine Stücke schneiden. Den Schafskäse fein würfeln.

Zubereitung

In einer großen Pfanne die Butter zerlassen und nacheinander zuerst die Zwiebel, dann die Tomatenstücke und zuletzt die Peperoni darin andünsten. Die Eier einzeln in die Pfanne schlagen und dabei ständig umrühren. Salzen und pfeffern. Nach ca. 2 Minuten den Schafskäse dazugeben.

Servieren

Das Ganze gut verrühren und anschließend mit Schnittlauchröllchen garnieren.

EIER MIT SCHAFSKÄSE

INFO

Schnittlauch sollte nur roh verwendet werden, da er beim Kochen völlig das Aroma verliert.

Geflügel & Fleisch

Lammhackfleisch mit Linsen

Äpfel mit Lammfleisch

Pizza mit Fleischbelag

Lammfleisch mit Reisnudeln

Hähnchenbrustfilets mit Okraschoten

Hackfleischspiesse

Frikassee aus Lammfleisch

Weizengrütze mit Lammfleisch

Fleischspiesse

Geflügel & Fleisch

Lammhackfleisch mit Linsen

Geflügel & Fleisch

Für 4 Personen
Zubereitungszeit: 20 Min./Koch- & Bratzeit: 1 Std.

Lammhackfleisch mit Linsen

Zutaten

200 g Linsen (kaufen Sie Linsen, die nicht eingeweicht werden müssen)
100 g Lammhackfleisch
120 g Zwiebeln
25 g Butter
1 Tl Tomatenmark
Salz
Pfeffer
1 l Gemüsebrühe
1/2 Tl Chiliflocken

Info

Linsen sind besonders nährstoffreich und haben einen hohen Proteingehalt.

Vorbereitung

Die Linsen in einen Topf mit 1 l Wasser geben. Aufkochen lassen und 10 Minuten kochen. Vom Herd nehmen und die Flüssigkeit abgießen.

Zubereitung

Das Hackfleisch in einem Topf anbraten, bis alle Flüssigkeit verkocht ist. Die Zwiebeln schälen, fein würfeln und mit der Butter zum Fleisch geben. 10 Minuten braten lassen, bis die Zwiebeln goldbraun sind.

Tomatenmark unterrühren, salzen und pfeffern. Die Brühe angießen und die Chiliflocken darüber streuen. Bei geschlossenem Deckel aufkochen lassen, dann die Linsen dazugeben und 30–40 Minuten köcheln lassen, bis sie weich sind.

Servieren

Auf Tellern anrichten und heiß servieren.

Äpfel mit Lammfleisch

Für 4 Personen
Zubereitungszeit: 15 Min./Kochzeit: 30 Min.

Vorbereitung

Die Äpfel waschen, das Kerngehäuse entfernen und die Früchte in möglichst fingerdicke Scheiben schneiden.

Zubereitung

Das Hackfleisch mit Nelken und Salz verkneten, zu gleich großen Scheiben wie die Äpfel formen. Apfelscheiben abwechselnd in einen Topf schichten. 200 ml Wasser zum Kochen bringen, in den Topf gießen, Butterflöckchen darüber streuen und alles mit geschlossenem Deckel zum Kochen bringen. Mit Zucker bestreuen und bei kleiner Hitze etwa 30 Minuten garen lassen, bis das Hackfleisch gar und die Äpfel weich sind.

Servieren

Die Äpfel mit dem Hackfleisch auf vorgewärmten Tellern anrichten, mit Petersilie garnieren und sofort servieren.

Zutaten

500 g Kochäpfel (Boskoop)
500 g Lammhackfleisch
1/2 Tl gemahlene Nelken
Salz
25 g Butter
150 g Zucker
2 Tl gehackte Petersilie

Äpfel mit Lammfleisch

Info

Boskoop hat ein feinherbes, säuerliches Aroma und mürbes Fruchtfleisch, womit er sich besonders zum Backen oder Dünsten eignet.

Pizza mit Fleischbelag

Pizza mit Fleischbelag

Für 4 Personen
Zubereitungszeit: 20 Min.(ohne Wartezeit)/Backzeit: 25 Min.

Vorbereitung

Das Mehl in eine Teigschüssel sieben und in die Mitte die Hefe krümeln. Lauwarme Milch, verquirlte Eier und 4 El weiche Butter dazugeben. Salz und Zucker auf den Mehlrand streuen. Aus diesen Zutaten einen Hefeteig kneten.

Zubereitung

Den Teig in eigroße Stücke aufteilen und 20 Minuten unter einem feuchten Tuch bei Zimmertemperatur ruhen lassen. Inzwischen die Zwiebel schälen und fein hacken. Die Tomaten waschen, überbrühen, enthäuten und in kleine Stücke schneiden. Die Kräuter waschen, trockenschleudern und fein hacken. Die Peperoni waschen, entkernen und in kleine Stücke schneiden. Alles mit dem Hackfleisch verkneten, salzen und pfeffern. Rosenpaprika zugeben.

Die Teigstücke 1/2 cm dick ausrollen, auf ein mit der restlichen Butter ausgepinseltes Backblech setzen und die Hackfleischmischung darauf verteilen. Das Ganze nochmals 10 Minuten gehen lassen. Im vorgeheizten Backofen bei 180 °C ca. 25 Minuten backen lassen, bis die Teigränder eine hellbraune Farbe angenommen haben.

Servieren

Die Pizza aus dem Backofen nehmen, in Portionsstücke teilen und sofort servieren.

Zutaten

500 g Mehl
20 g Hefe
4–6 El Milch
2 Eier
6 El Butter
Salz
2 Tl Zucker
1 mittelgroße Zwiebel
2–3 mittelgroße Tomaten
Je 2 El Petersilie und Dill
2 Peperoni
500 g Rinderhackfleisch
Pfeffer
Rosenpaprika

Info

Die Peperoni verlieren an Schärfe, wenn man die Kerne entfernt, das Fruchtfleisch mit heißem Wasser übergießt und einige Zeit auslaugen lässt.

Lammfleisch mit Reisnudeln

Geflügel & Fleisch

Für 4 Personen
Zubereitungszeit: 20 Min./Koch- & Bratzeit: 50 Min.

LAMMFLEISCH MIT REISNUDELN

Zutaten

3 El Olivenöl
700 g Lammragout
2 Zwiebeln
2 Knoblauchzehen
2 El scharfe Paprikapaste
1/2 Tl gemahlener Kreuzkümmel
1 Tl frischer Thymian
1/2 l Fleischbrühe
50 g getrocknete Aprikosen
Salz
Pfeffer
350 g Reisnudeln

Vorbereitung

Das Öl in einer Kasserolle erhitzen und das Fleisch darin anbraten. Zwiebeln und Knoblauch schälen, fein würfeln und zum Fleisch geben.

Zubereitung

Paprikapaste mit Kreuzkümmel und Thymian vermischen, nach ca. 3 Minuten zum Fleisch geben und kurz anrösten. Mit Brühe angießen und die Aprikosen dazugeben. Salzen und pfeffern. Das Ragout bei schwacher Hitze zugedeckt ca. 45 Minuten schmoren lassen. Inzwischen die Reisnudeln in Salzwasser bissfest kochen, abgießen und unter das Ragout geben. Nochmals mit Salz und Pfeffer abschmecken.

Servieren

Das Ragout mit den Nudeln in eine vorgewärmte Schüssel geben und sofort servieren.

Info

Getrockneter Thymian ist in seiner Würzkraft dreimal stärker als frischer.

Hähnchenbrustfilets mit Okraschoten

Für 4 Personen
Zubereitungszeit: 20 Min./Koch- & Bratzeit: 30 Min.

Hähnchenbrustfilets mit Okraschoten

Zutaten

4 Hähnchenbrustfilets
Salz
Pfeffer
3 El Olivenöl
500 g kleine Okraschoten
2 El Essig
1 Zwiebel
1 Knoblauchzehe
200 g geschälte Tomaten aus der Dose (ohne Saft)
100 ml Hühnerbrühe
1/2 Tl scharfes Paprikapulver

Info

Okraschoten haben einen bohnenartigen, säuerlich pikanten Geschmack und stammen ursprünglich aus Abessinien.

Vorbereitung

Die Hähnchenbrustfilets waschen und trockentupfen. Von allen Seiten salzen und pfeffern. In einer Pfanne im erhitzten Öl 6–7 Minuten braten. Herausnehmen und warm stellen.

Zubereitung

Die Okraschoten waschen und die Stielansätze vorsichtig abschneiden. 1 l Wasser mit dem Essig aufkochen und die Schoten darin ca. 4 Minuten blanchieren. Abgießen, kalt abschrecken und in mundgerechte Stücke schneiden. Zwiebel und Knoblauch schälen, fein würfeln und im Bratenfett kurz braten. Tomaten in kleine Stücke schneiden und mit der Brühe und den Okras dazugeben. Mit Salz, Pfeffer und Paprikapulver abschmecken. 10 Minuten zugedeckt garen lassen.

Die Hähnchenbrustfilets zum Gemüse geben, auch den Fleischsaft hinzufügen. Das Ganze nochmals zugedeckt 5 Minuten garen lassen.

Servieren

Die Hähnchenbrüste mit dem Gemüse auf einer vorgewärmten Platte anrichten und mit Fladenbrot und einem frischen Weißwein servieren.

Hackfleischspiesse

Für 4 Personen
Zubereitungszeit: 25 Min./Bratzeit: 15 Min.

Hackfleischspiesse

Zutaten

2 Zwiebeln
5 Zweige Minze
400 g Rinderhackfleisch
1 Tl Pul Biber (Paprikaflocken)
1 Ei
2 El Semmelbrösel
Salz
Pfeffer
3 El Olivenöl
4 Grillspieße

Vorbereitung

Die Zwiebeln schälen und sehr fein würfeln. Die Minze waschen, trockentupfen und sehr fein hacken.

Zubereitung

Das Hackfleisch mit Zwiebeln, Minze, Pul Biber, Ei und Semmelbröseln gründlich vermischen. Salzen und pfeffern. Die Hackmasse zu 20 Bällchen formen. Jeweils 5 Bällchen auf die Spieße stecken. Das Öl in der Pfanne erhitzen und die Spieße darin in 10–12 Minuten goldbraun braten.

Servieren

Die Spieße auf einer Platte anrichten und mit einigen Minzeblättchen garnieren.

Info

Die Bällchen lassen sich leichter von den Spießen nehmen, wenn man sie leicht mit Öl bepinselt.

Frikassee aus Lammfleisch

Für 4 Personen
Zubereitungszeit: 25 Min./Kochzeit: 90 Min.

Frikassee aus Lammfleisch

Zutaten

6 Beinscheiben vom Lamm
6 Frühlingszwiebeln
5–6 Möhren
2 El gehackte Minze
2 El gehackte Petersilie
Salz
1 Tl Zucker
1 Eigelb
1 El Mehl
1 El Zitronensaft

Vorbereitung

In einem großen Topf 1 1/2 l Wasser zum Kochen bringen. Das Fleisch waschen und in das kochende Wasser geben. Den Schaum abschöpfen.

Zubereitung

Die Frühlingszwiebeln waschen, putzen und in ca. 4 cm breite Streifen schneiden. Die Möhren waschen, schälen und in ca. 4 cm lange Stücke schneiden. Das Gemüse, Kräuter, Salz und Zucker zum Fleisch geben und 60–90 Minuten mit geschlossenem Deckel köcheln lassen, bis das Fleisch weich ist. In einer Schüssel das Eigelb mit Mehl und Zitronensaft verquirlen. Eine Kelle von der Fleischflüssigkeit unter die Mischung geben und verrühren. Dann unter raschem Rühren zurück in den Topf gießen und verrühren.

Servieren

Das Lammfrikassee auf Tellern anrichten und servieren.

Info

Lammfleisch stammt von Tieren im Alter von höchstens einem Jahr. Das Fleisch von älteren Tieren entwickelt oft ein starkes, penetrantes Aroma und wird nicht besonders geschätzt.

WEIZENGRÜTZE MIT LAMMFLEISCH

Für 4 Personen
Zubereitungszeit: 25 Min. (ohne Wartezeit)/Koch- & Bratzeit: 50 Min.

ZUTATEN

500 g Lammfleisch ohne Knochen
Salz
Pfeffer
1/2 Tl Kurkumapulver
2 Zwiebeln
50 g Butter
1 El Tomatenmark
500 ml Fleischbrühe
200 g Bulgur (Weizengrütze)
2 Tl gehackte Petersilie

INFO

Bulgur ist ein wichtiger Bestandteil der orientalischen Küche. Bulgur ist wie Reis eine neutrale Sättigungsbeilage.

Vorbereitung

Das Fleisch waschen, abtrocknen und in mundgerechte Würfel schneiden. Salzen, pfeffern und mit Kurkuma würzen.

Zubereitung

Die Zwiebeln schälen, würfeln und in einem großen Topf in der erhitzten Butter andünsten. Die Fleischwürfel dazugeben und von allen Seiten kräftig anbraten. Das Tomatenmark dazugeben und anschwitzen lassen, mit der Fleischbrühe angießen. Das Ganze aufkochen und zugedeckt bei mittlerer Hitze etwa 30 Minuten köcheln lassen. Den Bulgur in ein Sieb geben, waschen und mit 250 ml Salzwasser in den Fleischtopf rühren. Alles zugedeckt ca. 20 Minuten garen lassen, bis die Flüssigkeit aufgesogen ist. Den Topf vom Herd nehmen und vor dem Servieren noch etwa 10 Minuten durchziehen lassen.

Servieren

Das Gericht auf einer vorgewärmten Platte anrichten und mit Petersilie garnieren.

Fleischspiesse

FLEISCHSPIESSE

Für 4 Personen
Zubereitungszeit: 20 Min. (ohne Wartezeit)/Bratzeit: 10 Min.

Vorbereitung

Das Fleisch waschen, abtrocknen und in Würfel schneiden. Die Zwiebeln schälen, fein reiben und mit 1/2 Tl Salz vermischen. Ziehen lassen und in einem Sieb kräftig auspressen, den Saft dabei auffangen.

Zubereitung

Den Zwiebelsaft mit Milch, 1 El Öl, Tomatenmark, Salz, Pfeffer und Piment verrühren. Das Fleisch in diese Marinade geben, vermischen und im Kühlschrank mindestens 4 Stunden ziehen lassen. Die Paprikaschoten und die Tomaten waschen, putzen und in Stücke schneiden. Das Fleisch aus der Marinade nehmen, abtropfen lassen und abwechselnd mit dem Gemüse auf die Spieße stecken. In einer Pfanne das restliche Öl erhitzen, die Spieße darin ca. 8 Minuten braun braten und hin und wieder mit der Marinade bestreichen.

Servieren

Auf einer Servierplatte anrichten, mit Thymian garnieren und heiß servieren.

ZUTATEN

600 g Lammfleisch aus der Keule
3 Zwiebeln
Salz
50 ml Milch
4 El Olivenöl
1 Tl Tomatenmark
Pfeffer
1 Msp. gemahlener Piment
4 Paprikaschoten (rot und gelb)
3 Tomaten
3 Zweige frischer Thymian
8 kleine Grillspieße

INFO

Die weiße Innenhaut der Paprikaschoten muss sorgfältig entfernt werden, da sie bitter schmeckt.

Gemüsegerichte

Gebratene Auberginen mit Joghurt

Gefüllte Paprikaschoten

Kartoffelfrikadellen

Gefüllte Auberginen

Spinat mit türkischem Joghurt

Schwarze Linsen

Weisskrautrouladen mit pikanter Füllung

Reis-Gemüse-Topf

Gemüsegerichte

Gebratene Auberginen mit Joghurt

Für 4 Personen
Zubereitungszeit: 15 Min./Bratzeit: 20 Min.

Zutaten

800 g kleine Auberginen
2 Frühlingszwiebeln
1 frische grüne Peperoni
4 Tomaten
1 kleiner Bund Petersilie
8 El Olivenöl
1 Msp. Zimtpulver
1/2 Tl Zucker
Salz
Pfeffer
200 g türkischer Joghurt (aus Schafsmilch)
2 Knoblauchzehen

Info

Auberginen nehmen beim Braten weniger Fett auf, wenn man sie vor der Verarbeitung leicht mit Salz bestreut.

Vorbereitung

Die Auberginen waschen, putzen und in fingerdicke Scheiben schneiden. Die Zwiebeln waschen, putzen und in Ringe schneiden. Die Peperoni waschen, putzen, entkernen und ebenfalls in Ringe schneiden.

Zubereitung

Tomaten heiß überbrühen, enthäuten, entkernen und in Würfel schneiden. Petersilie waschen, trockenschütteln und bis auf wenige Blätter fein hacken.
In einem Topf 2 El Öl erhitzen. Die Zwiebeln und die Peperoni darin anbraten. Tomaten, klein gehackte Petersilie, Zimt und Zucker unterrühren. Mit Salz abschmecken. Die Sauce 10 Minuten schmoren lassen. Auberginen im restlichen Öl von beiden Seiten goldbraun braten, salzen und pfeffern. Den Joghurt mit dem gepressten Knoblauch glatt rühren.

Servieren

Auberginen mit Sauce, Joghurt und der übrigen Petersilie anrichten.

Gefüllte Paprikaschoten

Für 4 Personen
Zubereitungszeit: 25 Min./Koch- & Bratzeit: 1 Std.

Gefüllte Paprikaschoten

Zutaten

4 gleich große rote oder gelbe Paprikaschoten
125 ml Olivenöl
2 Zwiebeln
1 El Pinienkerne
250 g Patna-Reis
Salz
1/2 Bund glatte Petersilie
1/2 Bund Dill
2 El Korinthen
1 Tl Zimtpulver
Pfeffer
1 Tl Zucker
1 El getrocknete Pfefferminzblätter
Saft von 1 Zitrone

Info

Zitronensaft kann man gut in Eiswürfelbehältern einfrieren. Man hat so immer frischen Saft zum Kochen oder Trinken vorrätig.

Vorbereitung

Die Paprikaschoten waschen und jeweils einen runden Deckel abschneiden, Kerne und Trennwände entfernen.

Zubereitung

Einen Topf mit 4 El Olivenöl erhitzen. Die Zwiebeln schälen, klein würfeln und mit den Pinienkernen darin andünsten. Den Reis einstreuen und unter Rühren anschwitzen lassen. 500 ml Wasser angießen und salzen. Das Ganze unter Rühren so lange köcheln, bis die Flüssigkeit fast ganz aufgesogen ist. Den Reis zugedeckt 10 Minuten ruhen lassen. Petersilie und Dill waschen, trocknen, fein hacken und mit den Korinthen, Zimt, Pfeffer, Zucker, Pfefferminze und Zitronensaft zur Reismischung geben und gut vermischen.

Die Paprikaschoten mit der Mischung füllen und mit der Öffnung nach oben in eine mit Olivenöl ausgepinselte Auflaufform setzen. Mit 250 ml Wasser angießen. Danach zugedeckt etwa 45 Minuten im Ofen schmoren lassen.

Servieren

Die Paprikaschoten in der Auflaufform zu Tisch bringen und einen trockenen Weißwein dazu reichen.

Kartoffel-frikadellen

Für 4 Personen
Zubereitungszeit: 25 Min. (ohne Wartezeit)/Koch- & Bratzeit: 30 Min.

Zutaten

3 mittelgroße Kartoffeln
Salz
400 g feiner Bulgur (Weizengrütze)
1 Bund glatte Petersilie
1 Bund Frühlingszwiebeln
2 Zwiebeln
50 ml Olivenöl
2 El Tomatenmark
Pfeffer

Vorbereitung

Die Kartoffeln schälen, waschen und in Salzwasser gar kochen. Den Bulgur mit 2 Gläsern kochendem Wasser begießen und stehen lassen, bis sie weich ist. Die Petersilie waschen, trockenschütteln und fein hacken.

Zubereitung

Die Frühlingszwiebeln putzen, waschen und in sehr feine Ringe schneiden. Die Zwiebeln schälen und in kleine Würfel schneiden. Das Olivenöl erhitzen und die Zwiebeln darin andünsten, Tomatenmark dazugeben und gut verrühren. Die Kartoffeln pürieren und mit allen Zutaten in einer Schüssel verkneten. Mit Salz und Pfeffer abschmecken.

Servieren

Mit den Händen aus der Masse kleine Frikadellen formen und auf einigen Petersilienstängeln servieren.

Info

Bulgur ist wie Reis eine neutrale Sättigungsbeilage und findet in der orientalischen Küche vielfältige Verwendung.

Gefüllte Auberginen

Gefüllte Auberginen

Für 4 Personen
Zubereitungszeit: 25 Min./Brat- & Backzeit: 45 Min.

Vorbereitung

Die Auberginen waschen und der Länge nach aufschneiden, aber nicht durchschneiden. Die Innenseite jeweils mit Salz bestreuen und 15 Minuten ruhen lassen.

Zubereitung

Die Zwiebeln schälen und in feine Ringe schneiden. Den Knoblauch schälen und fein hacken. Die Tomaten in kleine Würfel schneiden. Die Paprikaschoten waschen, entkernen und in feine Streifen schneiden.
Die Petersilie waschen, trockenschütteln und fein hacken. Die Auberginen jetzt kalt abwaschen und trockentupfen. Eine ofenfeste Form mit etwas Olivenöl auspinseln und die Auberginen mit dem Längsschnitt nach oben in die Form setzen.

In einer Pfanne die Hälfte des Olivenöls erhitzen. Zwiebeln und Knoblauch darin glasig dünsten. Tomaten, Paprika und Petersilie dazugeben. Alles salzen und pfeffern, mit Zucker abschmecken und das restliche Öl einrühren. Die Gemüsemischung in die Auberginen füllen und jede Aubergine mit etwas Wasser begießen. Die restliche Füllung auf den Auberginen verteilen. Im vorgeheizten Backofen bei 200 °C 20–30 Minuten schmoren lassen. Nach der Garzeit mit etwas Zitronensaft beträufeln.

Servieren

Die Auberginen auf einer vorgewärmten Platte anrichten, Fladenbrot und einen erfrischenden Weißwein dazu reichen.

Zutaten

4 Auberginen
Salz
4 mittelgroße Zwiebeln
3 Knoblauchzehen
1 Dose geschälte Tomaten (ohne Saft)
2 Paprikaschoten (rot und gelb)
1 kleiner Bund glatte Petersilie
150 ml Olivenöl
Pfeffer
1 Tl Zucker
Saft von 1 Zitrone

Info

Dosentomaten sind oft von guter Qualität und besonders in den Wintermonaten der frischen Ware vorzuziehen.

Spinat mit türkischem Jog

Spinat mit türkischem Joghurt

Für 4 Personen
Zubereitungszeit: 20 Min./Koch- & Bratzeit: 25 Min.

Vorbereitung

Zwiebeln und Knoblauch schälen und fein würfeln. Den Spinat nach Packungsanweisung zubereiten.

Zubereitung

Die Zwiebeln und den Knoblauch in heißem Öl glasig dünsten und unter den Spinat rühren. Joghurt dazugeben und mit Salz, Pfeffer und Zitronensaft kräftig abschmecken.

Servieren

Den Spinat in eine vorgewärmte Schüssel geben und mit Weißbrot servieren.

Zutaten

2 Zwiebeln
2 Knoblauchzehen
600 g Blattspinat (TK-Produkt)
2 El Olivenöl
250 g türkischer Joghurt (aus Schafsmilch)
Salz
Pfeffer
1 El Zitronensaft

Info

Sommerspinat kann man auch gut als Salat zubereiten. Sein feinherbes Aroma ist besonders an heißen Sommertagen eine willkommene Erfrischung.

Schwarze Linsen

Schwarze Linsen

Für 4 Personen
Zubereitungszeit: 25 Min./Koch- & Bratzeit: 30 Min.

Vorbereitung

Die Linsen waschen und in 1 l Wasser zum Kochen bringen. Die Linsen in dem Wasser 15 Minuten kochen lassen, danach abgießen. Die Zwiebeln schälen und in kleine Würfel schneiden.

Zubereitung

2 El Butter zerlassen und die Zwiebelwürfel darin glasig dünsten. Die Linsen dazugeben, mit der Fleisch- oder Gemüsebrühe aufgießen und bei geringer Hitze gar kochen lassen. 2 El Butter in einem Topf zerlassen, das Mehl einrühren, zu den Linsen geben und alles gut verrühren.

Servieren

1 El Butter zerlassen, mit dem Paprikapulver vermischen und vor dem Servieren über die Linsen geben.

Zutaten

500 g schwarze Linsen
2 Zwiebeln
5 El Butter
400 ml Fleisch- oder Gemüsebrühe
1 El Mehl
3 El Paprikapulver

Info

Linsen sind sehr genügsame Pflanzen und gedeihen auch in kargen Regionen.
Sie waren lange als »Armenspeise« verpönt, finden jedoch heute sogar in der »feinen Küche« wieder Beachtung.

Weisskrautrouladen

Weisskrautrouladen mit pikanter Füllung

Für 4 Personen
Zubereitungszeit: 30 Min./Koch- & Bratzeit: 40 Min.

Vorbereitung

Mit einem Messer aus dem Weißkohlkopf den Strunk herausschneiden. Die Blätter vom Kopf lösen. Salzwasser in einem Topf erhitzen und die Blätter darin 8–10 Minuten blanchieren. Die Weißkohlblätter herausnehmen, abtropfen lassen und je 2–3 Blätter auf einer Arbeitsfläche übereinander legen.

Zubereitung

Für die Füllung das Lammgehackte in eine Schüssel geben. 1 Zwiebel schälen, würfeln und zum Fleisch geben. Das Weißbrot entrinden, in Gemüsebrühe kurz einweichen, gut ausdrücken und zum Fleisch geben. Die mit Salz zerriebene Knoblauchzehe und die Eier ebenfalls zum Fleisch geben und alles sorgfältig durchkneten. Die Fleischmasse mit Salz, Pfeffer und Cayennepfeffer kräftig würzen.

Den fein geschnittenen Schafskäse unter das Fleisch heben und je nach Bedarf das Ganze mit Semmelbröseln binden. Die Masse gleichmäßig auf die Weißkrautblätter verteilen. Die Blätter zusammenfalten und mit Hilfe eines feuchten Küchentuches zu Rouladen formen. Das Olivenöl im Schmortopf erhitzen und die zweite abgezogene und fein gehackte Zwiebel darin andünsten. Die Tomaten überbrühen, enthäuten, entkernen, in Würfel schneiden und zu den Zwiebeln geben. Mit der Gemüsebrühe auffüllen. Den Thymianzweig in die Sauce geben und einmal aufkochen lassen. Die Rouladen in die Sauce geben, den Topf verschließen und im vorgeheizten Backofen bei 180 °C 20–25 Minuten garen.

Servieren

Nach Ende der Garzeit die Rouladen anrichten, die Sauce abschmecken, über die Rouladen verteilen und servieren.

Zutaten

1 kleiner Weißkohl
Salz
400 g Lammgehacktes
2 Zwiebeln
2 Scheiben Weißbrot
250 ml Gemüsebrühe
1 Knoblauchzehe
2 Eier
Pfeffer
Cayennepfeffer
100 g Schafskäse
Semmelbrösel
60 ml Olivenöl
5 Tomaten
1 Thymianzweig

Info

Da Kohlgerichte schwer verdaulich sind, sollte zur besseren Bekömmlichkeit ein Raki gereicht werden.

REIS-GEMÜSE-TOPF

REIS-GEMÜSE-TOPF

Für 4 Personen
Zubereitungszeit: 20 Min. (ohne Wartezeit)/Koch- & Bratzeit: 25 Min.

ZUTATEN

250 g Zucchini
250 g Möhren
1 große Zwiebel
2 El Olivenöl
200 g Langkornreis
1 El Korinthen
1 El Pistazien
400 ml Gemüsebrühe
Salz
Pfeffer

Vorbereitung

Zucchini waschen, putzen und in Würfel schneiden. Die Möhren und die Zwiebel waschen, schälen und ebenfalls in Würfel schneiden. Das Öl in einem Topf erhitzen, Zwiebeln und Möhren darin 5 Minuten andünsten.

Zubereitung

Zucchini und Reis hinzufügen und unter Rühren andünsten, bis der Reis glasig ist. Korinthen, Pistazien und Brühe unterrühren, salzen und pfeffern. Aufkochen lassen und zugedeckt bei schwacher Hitze 20 Minuten garen lassen, bis der Reis bissfest ist. Anschließend nochmals abschmecken.

Servieren

Den Reis mit dem Gemüse in eine vorgewärmte Schüssel geben und sofort servieren.

INFO

Zucchini werden in verschiedenen Farben angeboten und sind sehr vitaminreich. Da sie wenig Eigengeschmack haben, werden sie meist zusammen mit anderen Gemüsesorten zubereitet.

Fisch & Meerestiere

Marinierter Steinbutt

Rotbarben gegrillt

Meeräsche auf Gemüse

Fisch & Meerestiere

Marinierter Steinbutt

Marinierter Steinbutt

Für 4 Personen
Zubereitungszeit: 15 Min. (ohne Wartezeit)/Bratzeit: 7 Min.

Vorbereitung

Den Fisch waschen, abtrocknen und in 2,5 cm breite Streifen schneiden. Die Zwiebeln schälen, reiben, mit Salz zerdrücken und 2 Minuten stehen lassen. Danach die Zwiebeln in ein Küchentuch (Leinen) geben und den Saft auspressen. Es sollten mindestens 100 ml Saft sein.

Zubereitung

Olivenöl, Zitronensaft, Pfeffer, Salz und Lorbeerblätter mit dem Saft vermischen. Den Fisch für 2 Stunden in die Marinade legen, herausnehmen und abtropfen lassen. Das Sonnenblumenöl erhitzen. Die Fischstreifen in Mehl wenden und 6–7 Minuten frittieren, bis sie goldgelb sind. Herausnehmen und auf Küchenpapier abtropfen lassen.

Servieren

Den Fisch auf einer Platte anrichten und mit Petersilie garnieren.

Zutaten

1 kg küchenfertiger Steinbutt
5 Zwiebeln
Salz
2 El Olivenöl
2 El Zitronensaft
Pfeffer
10 Lorbeerblätter
Sonnenblumenöl zum Frittieren
50 g Mehl
Petersilie für die Garnitur

Info

Frischen Fisch erkennt man an blutroten Kiemen und klaren Augen.

Rotbarben gegrillt

ROTBARBEN GEGRILLT

Für 4 Personen
Zubereitungszeit: 20 Min./Bratzeit: 10 Min.

Vorbereitung

Die Rotbarben gut waschen und abtrocknen. Salzen und pfeffern. Rucola waschen, die dicken Stiele entfernen, trockentupfen und auf einem Teller auslegen. Mit 2 El Olivenöl beträufeln.

Zubereitung

Das übrige Öl mit Zitronensaft vermischen und die Rotbarben damit einpinseln. Im vorgeheizten Backofengrill 8–10 Minuten grillen.

Servieren

Die Fische einmal wenden. Auf dem Teller mit dem Rucola anrichten und servieren.

ZUTATEN

800 g kleine Rotbarben, küchenfertig
Salz
Pfeffer
2 Bund frischer Rucola
4 El Olivenöl
2 El Zitronensaft

INFO

Rucola wird heute fast das ganze Jahr über im Handel angeboten. Lange in Vergessenheit geraten, ist er erst in den letzten Jahren wieder entdeckt worden.

Meeräsche auf Gemüse

MEERÄSCHE AUF GEMÜSE

Für 4 Personen
Zubereitungszeit: 20 Min./Koch- & Bratzeit: 30 Min.

Vorbereitung

Die Kartoffeln schälen, waschen und in dünne Scheiben schneiden. Lauch waschen, putzen und in Ringe schneiden. Die Tomaten waschen und grob würfeln. Petersilie waschen, trockenschütteln und fein hacken.

Zubereitung

Die Zwiebeln schälen, würfeln und in 2 El Öl andünsten. Mit 2 Tassen Wasser ablöschen und 10 Minuten köcheln lassen. Anschließend durch ein Sieb streichen. Das Zwiebelpüree mit dem Gemüse in einem Bräter aufkochen lassen. Salzen und pfeffern. Bei schwacher Hitze 15 Minuten garen. Das Fischfilet waschen, in vier Portionen teilen, salzen, pfeffern und auf das Gemüse legen. Mit dem restlichen Öl beträufeln und zugedeckt 15 Minuten garen.

Servieren

Portionsweise auf vorgewärmten Tellern anrichten, mit Zitronensaft begießen und mit der Petersilie bestreut servieren.

ZUTATEN

500 g Kartoffeln
500 g Lauch
4 Tomaten
1 kleiner Bund Petersilie
2 Zwiebeln
4 El Öl
Salz
Pfeffer
800 g Meeräschenfilet
2 El Zitronensaft

INFO

Meeräschen haben weißes und grätenarmes Fleisch, das jedoch nicht besonders aromatisch ist und sich darum gut mit herzhaftem Gemüse kombinieren lässt.

Desserts & Gebäck

Griesshalva

Mandeldessert

Süsse Feigen

Rosinenkuchen

Milchige Ayse

Gratinierter Reis mit Orangen

Desserts & Gebäck

Desserts & Gebäck

GRIESSHALVA

GRIESSHALVA

Für 4 Personen
Zubereitungszeit: 15 Min. (ohne Wartezeit)/Kochzeit: 20 Min.

ZUTATEN

50 g Butter
50 g gemahlene Haselnüsse
150 g Hartweizengrieß
1 große unbehandelte Zitrone
500 ml Milch
100 g Zucker
250 g Früchte der Saison

Vorbereitung

Die Butter in einem breiten Topf erhitzen. Nüsse und Grieß darin bei schwacher Hitze goldgelb rösten. Den Topf vom Herd nehmen.

Zubereitung

Die Zitrone heiß abwaschen und die Schale fein abreiben. Die Zitrone auspressen. Zitronenschale, Milch und 50 g Zucker in die Nuss-Grieß-Masse einrühren. Bei schwacher Hitze so lange rühren, bis sich die Masse leicht vom Topfboden löst. Eine kleine Kastenform kalt ausspülen und mit Klarsichtfolie auslegen. Die Grießmasse einfüllen und dann für mindestens 3 Stunden kalt stellen. In einem Topf 50 g Zucker mit 100 ml Wasser 10 Minuten kochen lassen. Zitronensaft durch ein Sieb zum Sirup gießen. Grießhalva aus der Form stürzen, Folie entfernen und die Halva in Scheiben schneiden.

Servieren

Mit den Früchten der Saison anrichten und mit Zitronensirup übergießen.

INFO

Abgeriebene Zitronenschale kann man im Kühlschrank für längere Zeit aufbewahren, wenn man sie auf einem Backblech trocknen lässt und in Schraubgläser füllt.

Mandeldessert

Für 4 Personen
Zubereitungszeit: 10 Min. (ohne Wartezeit)/Kochzeit: 15 Min.

MANDELDESSERT

Zutaten

100 g gemahlene Mandeln
375 ml Milch
1 Prise Salz
75 g Puderzucker
50 g Reismehl (oder Speisestärke)
2 El Kokosraspel
1 Eigelb
3 Tl Rosenwasser
2 El kandierte Rosenblätter oder Kokoschips

Info

Die Mandeln schmecken aromatischer, wenn man sie selber in der Küchenmaschine frisch mahlt.

Vorbereitung

Die Mandeln in so viel Milch verrühren, dass eine cremige Masse entsteht. Die übrige Milch mit Salz und Puderzucker in einem Topf aufkochen lassen.

Zubereitung

Das Reismehl mit 1/2 Tasse Wasser glatt rühren. Die kochende Milch vom Herd nehmen und nacheinander das Reismehl, die Mandelmischung (4 El beiseite stellen) und die Kokosraspel einrühren. Bei schwacher Hitze unter Rühren aufkochen lassen. Das Eigelb mit 4 El Mandelmasse vermischen und unter die restliche Masse rühren. Erhitzen, aber nicht mehr kochen lassen. Mit Rosenwasser abschmecken. Die Masse in eine Form füllen. Abkühlen und im Kühlschrank fest werden lassen.

Servieren

Das Dessert auf eine Platte stürzen und mit den Rosenblättern bzw. Kokoschips garnieren.

Süsse Feigen

Süsse Feigen

Für 4 Personen
Zubereitungszeit: 15 Min./Koch- & Bratzeit: 40 Min.

Vorbereitung

Die Feigen waschen und über Nacht in Wasser einweichen. Das Wasser abschütten, die Feigen abtrocknen und in der Mitte einschneiden. Die Feigen mit den Walnüssen füllen und in eine Auflaufform legen.

Zubereitung

In einem Topf 150 ml Wasser mit dem Zucker aufkochen, in 10 Minuten zu einem dickflüssigen Sirup kochen und dann auf die Feigen geben. Die Feigen im vorgeheizten Backofen bei 150 °C ca. 30 Minuten backen, bis sie eine rosige Farbe angenommen haben.

Servieren

Aus dem Ofen nehmen und mit den Pistazien bestreuen. Kalt servieren.

Zutaten

30 getrocknete Feigen
250 g grob gehackte Walnüsse
200 g Zucker
100 g gehackte Pistazien

Info

Frische und reife Feigen sind eine absolute Delikatesse. Sie werden in verschiedenen Sorten von grüner, gelber bis violetter Färbung im Handel angeboten.

Rosinenkuchen

Desserts & Gebäck

Für 4 Personen
Zubereitungszeit: 20 Min./Backzeit: 30 Min.

Rosinenkuchen

Zutaten

3 Eier
150 ml Sonnenblumenöl
150 g Zucker
200 g türkischer Joghurt
300 g Mehl
1 Päckchen Backpulver
1 Päckchen Vanillezucker
100 g Rosinen

Info

Joghurt wird in der Türkei nicht nur wegen seines frischen Geschmackes gegessen, es wird ihm auch eine beruhigende Wirkung nachgesagt.

Vorbereitung

Die Eier mit Öl, Zucker und Joghurt verquirlen. Dann Mehl, Backpulver und Vanillezucker dazugeben und mit einem Mixer zu einem glatten Teig verrühren.

Zubereitung

Die Rosinen waschen, abtropfen lassen und in etwas Mehl wenden. Die Rosinen zum Teig geben und verrühren. Den Teig in eine gefettete Springform füllen. Im vorgeheizten Backofen bei 160 °C ca. 30 Minuten backen lassen.

Servieren

Den Kuchen aus dem Backofen nehmen und auskühlen lassen. Zum Schluss in Stücke schneiden und servieren.

MILCHIGE AYSE

MILCHIGE AYSE

Für 4 Personen
Zubereitungszeit: 25 Min./Koch- & Backzeit: 30 Min.

ZUTATEN

125 g Butter
1 Tasse Olivenöl
250 g Mehl
Butter für das Blech
1 Glas Sauerkirschen
1 l Milch
200 g Zucker
1/2 Tl Vanillezucker
4 Eier

Vorbereitung

Die weiche Butter mit Olivenöl und 150 g Mehl zu einem glatten Teig verrühren. Den Teig auf einem gefetteten Backblech verteilen und die Sauerkirschen darüber geben.

Zubereitung

In einem Topf Milch, Zucker, 100 g Mehl und Vanillezucker unter ständigem Rühren aufkochen lassen. Vom Herd nehmen und abkühlen lassen. Die Eier aufschlagen, in die abgekühlte Milchmischung geben und mit dem Handmixer gut durchmixen. Die Mischung über den Teig gießen und im vorgeheizten Backofen bei 200 °C so lange backen, bis die obere Schicht eine hellbraune Farbe angenommen hat.

Servieren

Den Kuchen aus dem Backofen nehmen, in Portionsstücke schneiden, nach Belieben garnieren und noch warm servieren.

INFO

Vanillezucker kann man selber herstellen, indem man ausgekratzte Vanilleschoten in Zucker lagert, der dann den unverwechselbaren Geschmack annimmt.

Gratinierter Reis mit Orangen

Gratinierter Reis mit Orangen

Für 4 Personen
Zubereitungszeit: 30 Min./Koch- & Backzeit: 30 Min.

Vorbereitung

Die Milch in einem beschichteten Topf zum Kochen bringen. Die Orange heiß abwaschen, die Schale abreiben und den Saft auspressen. Orangenschale, Reis, Salz und Vanillemark in die kochende Milch rühren, bei schwacher Hitze 25 Minuten garen. Der Reis sollte bissfest sein. Alles etwas abkühlen lassen.

Zubereitung

Ei und Eigelb verquirlen und mit Zucker, Orangensaft und Blütenwasser cremig schlagen. Nach und nach unter die Reismasse rühren. Die Reismasse in ofenfeste Portionsförmchen füllen und im vorgeheizten Backofen bei 200 °C 5 Minuten überbacken, bis die Oberfläche goldbraun ist.

Servieren

Die Portionsförmchen aus dem Backofen nehmen und warm oder kalt servieren.

Zutaten

500 ml Milch
1 unbehandelte Orange
125 g Milchreis
1 Prise Salz
1 Vanilleschote
1 Ei
1 Eigelb
3 El Zucker
1 El Orangenblütenwasser (im Supermarkt oder in der Apotheke erhältlich)

Info

Restliche geriebene Orangenschale kann man in einem Schraubglas mit Zucker vermischt längere Zeit aufheben.

Register